DINAIR

(GUEÏKLER)

CÉLÈNES

APAMÉE CIBOTOS

AVEC UN PLAN ET DEUX CARTES

PAR

G. WEBER

BESANÇON

TYPOGRAPHIE & LITHOGRAPHIE DELAGRANGE-LOUYS

57, Rue Bersot, 57

1892

DINAIR

(GUEIKLER)

CÉLÈNES

APAMÉE-CIBOTOS

DINAIR

(GUEÏKLER)

CELÈNES

APAMÉE CIBOTOS

AVEC UN PLAN ET DEUX CARTES

PAR

G. WEBER

BESANÇON

TYPOGRAPHIE & LITHOGRAPHIE DELAGRANGE-LOUYS

57, Rue Bersot, 57

—

1892

À LA MÉMOIRE

DES DOCTEURS

G. LATTRY

Président de l'Ephorie du Musée

ET

S. CARACOUSSI

Ephore de l'Ecole évangélique de Smyrne

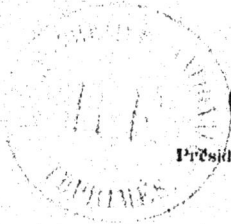

AVANT-PROPOS

Par suite de l'extension de la voie ferrée de Smyrne à Dinair, l'attention générale a été attirée sur ce bourg intéressant, perdu au fond de la Phrygie. Or, l'importance que la vapeur est en train de lui donner, il la possédait autrefois à un degré fort développé, et peut-être, l'avenir lui réserve-t-il des destinées plus en harmonie avec son grand passé historique.

En effet, Célènes n'était-elle pas la seconde capitale de la Phrygie, fameuse par ses richesses agricoles? Les mythes de Lityersès et de Marsyas ne personnifient-ils pas la lutte de la civilisation hellénique avec celle des Phrygiens?

C'est ici que Pythius, le riche Lydien, entretient généreusement Xerxès et toute son armée; que Cyrus le Jeune se repose quelque temps dans ses parcs superbes avant d'aller disputer le trône à son frère dans les plaines de Cunaxa.

Alexandre passe à Célènes, venant de Pisidie, pour se rendre à Gordium trancher le fameux nœud qui devait lui prédire l'empire du monde. Sous ses successeurs, qui font descendre la ville dans la plaine, elle acquiert, sous le nom d'Apamée Cibotos, une nouvelle importance; elle est, en effet, l'entrepôt général de tout le commerce de l'Asie Mineure avec l'Occident, et ne le cède en grandeur qu'à Éphèse. Le christianisme y jette de bonne heure de profondes racines, comme viennent de le prouver les nombreuses inscriptions chrétiennes trouvées tout récemment.

La prospérité d'Apamée dura jusqu'au moment où Byzance devint la capitale de l'Empire d'Orient. Un nouveau système de routes s'établit alors dans le pays; ce n'est plus Ephèse qui est le port d'exportation, mais bien Constantinople; de Césarée, toutes les voies convergent vers ce nouveau centre; l'antique route de la vallée du Lycus est abandonnée et ne sert plus qu'aux besoins tout locaux.

L'exposé succinct de l'histoire de Célènes ou Apamée Cibotos viendra donc à son heure, pour satisfaire non seulement la curiosité du public en général, mais surtout donner à ceux qui habitent sous le beau ciel de l'Ionie, les moyens de répondre à leur légitime désir de connaître toujours mieux ces contrées si éminemment historiques.

Les travaux scientifiques concernant cette ville sont d'un accès si difficile que l'apparition de cette brochure semble pleinement justifiée.

MM. G. Hirschfeld et W. M. Ramsay sont les deux savants qui ont traité, le premier dans une monographie (*Kelainai-Apameia-Kibotos*, Berlin 1876), le second dans ses publications sur la Phrygie (*Journal of Hellen. Studies et Historica' Geography of Asia Minor*), tout ce qui se rapporte à cette ville si intéressante sous tant de rapports.

Nous-même, à deux reprises, nous nous sommes rendu sur les lieux, afin d'être aussi complet que possible; car à Dinair surtout, se vérifie la remarque bien connue qu'il faut avoir vu de ses yeux le pays dont on se propose d'écrire l'histoire.

Les deux cartes, basées sur celles de M. G. Hirschfeld, ont été contrôlées sur les plans des ingénieurs du chemin de fer d'Aïdin, ainsi que par nos propres observations.

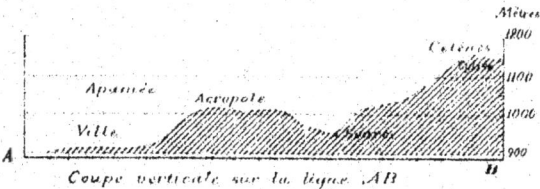

CÉLÈNES·APAMÉE KIBOTOS

DINAIR
(Guéikler)

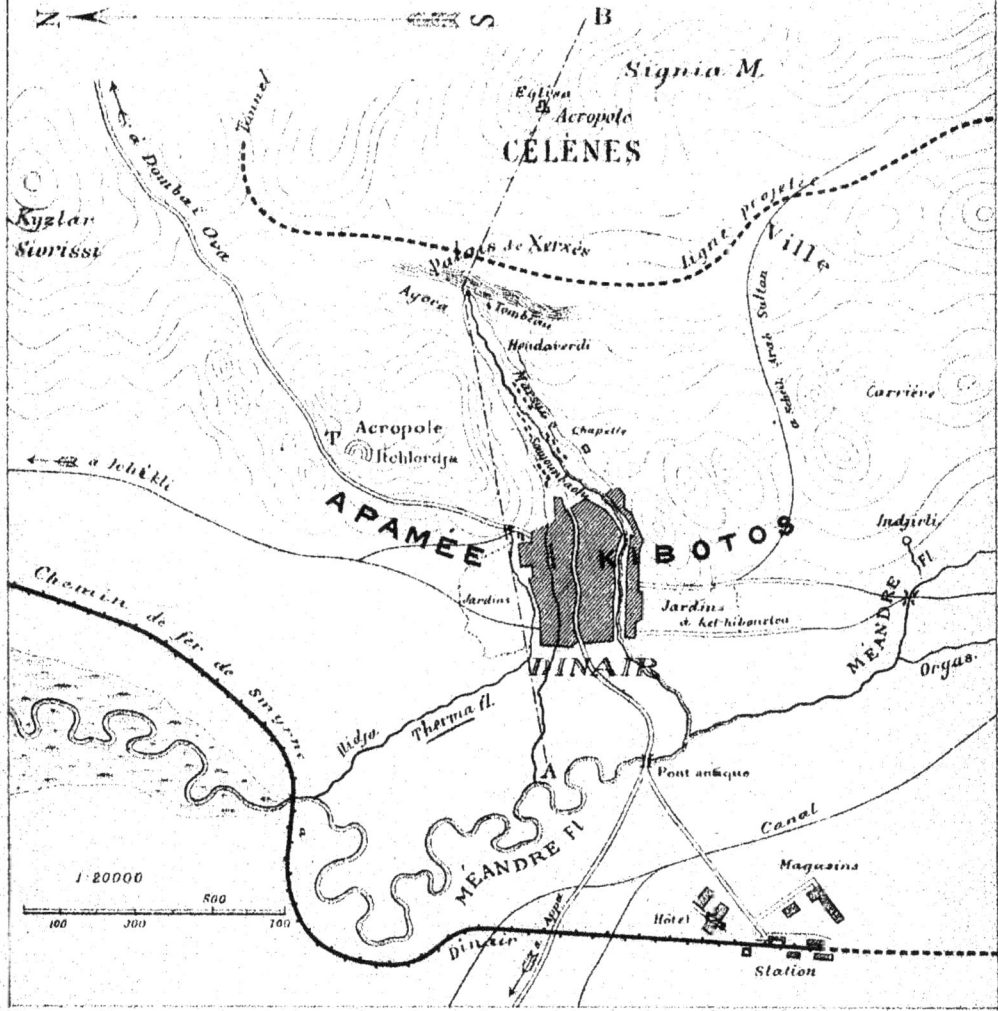

Samsoun Dagh PORSAMA Aktché keui Tchgli Ova

D O M B A Ï

Route des Caravanes Yéri keui

Seydimich D.

Chemin de Fer de Smyrne

Kazan bounar

Kyzlar Sivrissi

Kouyoudjak

Kara Kouyou

Sakédjik Djérid

Eglise Acropole Blanrinos fontes

APAMÉE CIBOTOS Ghiokdjali

DINAIR Bôynarbas K.

(GUEIKLER) Αντοκρηνη

Station

Ovacic Tchapali

3400

Gurdun

K E L A Ï N A Ï

D I N A Ï R   O V A

Sheik-Aras Sultan

Indjé Sou

Ligne Peuteléa 428

Inkidji

dogmousch Dagh 1300 M.

O V A

Noyan

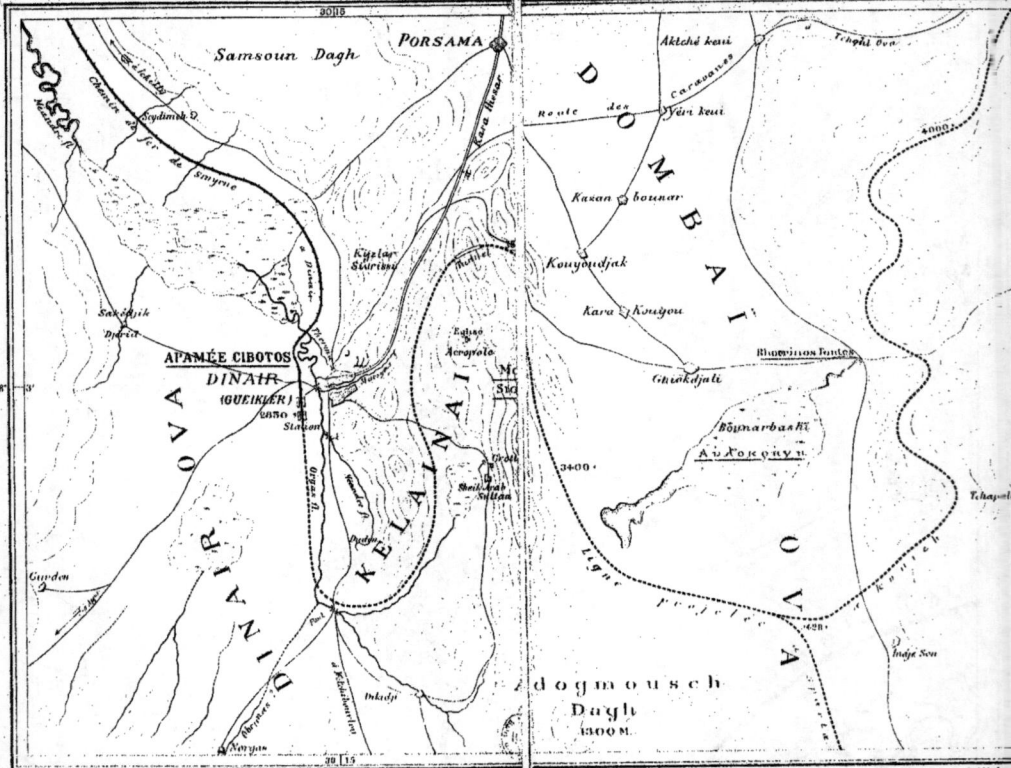

J. Storck St Paris Carte des Plaines de Dinair et de Dombaï Dressée par G. Weber

Echelle 1:65

Eglise Byzantine

Dinair

Bloc avec croix en n
f. 1.

f. 2

BÊMA
5,00

NAOS

14,90

13,90

5

2,30

b

m

NARTHEX

Croix
n

5,90

2,62

a

25,90

Plan de l'Eglise

1:250

0   5   10   15 Mètres

G. Weber

DINAIR

(GUEIKLER)

CÉLÈNES

APAMÉE CIBOTOS

—

Ἀπάμεια δ'ἐστὶν ἐμπόριον μέγα τῆς
ἰδίως λεγομένης Ἀσίας, δευτερεῦον μετὰ
τὴν Ἔφεσον. Strab.,

Il y a soixante-dix ans, l'emplacement exact d'*Apamée Cibotos*, la ville la plus importante de l'Asie Mineure après Ephèse, n'était pas encore connu; aujourd'hui le petit bourg de *Dinair* (1) est le terminus provisoire de la voie ferrée la plus longue de la contrée, c'est là un exemple frappant des changements survenus dans ce pays, aussi bien dans les siècles passés qu'à l'heure présente. Sous trois noms différents, Κελαιναί, Ἀπάμεια Κιβωτός et *Dinair*, cette ville a traversé les siècles et participé à des civilisations bien diverses. Quelles sont les conditions locales qui lui assurent une existence si remarquable? Car, on l'a dit, il sera toujours impossible de bien apprécier l'importance d'une place, sans l'étude approfondie de ses rapports géographiques qui forment la base du développement et de l'histoire de tout établissement humain.

Le méridien de Dinair marque la ligne de partage entre le plateau central de l'Asie Mineure et la région accidentée de l'ouest; ici les chaînes de montagnes, en complète opposition avec le massif

—

1. Ce n'est pas le nom exact de la ville; les indigènes et l'administration ne l'emploient jamais; son vrai nom est *Gueïkler* = les cerfs. Cf. Vivien de Saint-Martin, *Descript. de l'Asie Mineure*, II, p. 690. — Pococke mentionne la ville sous la forme de *Dinglar*.

compact de l'autre partie, forment des lignes nettement séparées, qui marquent d'avance le cours des fleuves, et ouvrent naturellement des voies de communication jusqu'à la mer.

Les trois vallées du Méandre, du Caystre et de l'Hermus sont autant de routes dans l'intérieur; le Méandre offre la plus commode, puisqu'il est le fleuve le plus long et s'enfonce le plus dans l'intérieur. A ses sources, c'est-à-dire précisément à Célènes, le terrain général s'incline doucement de tous les côtés, comme vers un point central et va en quelque sorte au-devant de la route qui monte de la mer.

Non seulement les deux chaînes bordières, le Taurus au sud, et l'Olympe au nord, s'inclinent vers Apamée, mais à l'est une série de plateaux, depuis le lac d'Egherdir, s'abaissent en terrasses jusqu'au Méandre; ces terrasses, en opposition avec le grand plateau central, sont fermées; les eaux de cette région n'ont point d'écoulement, du moins visible, vers la mer; elles se réunissent au fond des bassins et forment des lacs; les eaux en sont salées, saumâtres ou douces. Ces lacs reçoivent certainement des affluents souterrains; leur écoulement, là où il a lieu, ne peut se faire que par des canaux également souterrains.

Le Méandre, qui s'échappe du bord occidental du plateau central, est en rapport intime avec lui; les anciens comme les modernes sont unanimes à déclarer que le Méandre, qui, à sa source, est une grosse rivière, a son origine dans un lac situé à deux lieues à l'est, dans la plaine de Dombaï, fermée de tous côtés. Cette plaine est donc la vallée d'Aulocrène, dont Pline (V. 106) fait mention et le lac actuel de Bounarbachi n'est autre que celui cité par Pline et Strabon sous le nom d'Aulocrène.

Il est donc aisé de comprendre que la ville de Célènes, dès les temps les plus reculés, par sa position centrale et ses faciles communications avec la côte, soit devenue un point de croisement de premier rang; l'étude du réseau des routes de l'Asie Mineure, ainsi que l'histoire, nous en donnent les preuves les plus convaincantes.

Toutes les expéditions à travers l'Asie Mineure, dont les itinéraires nous sont parvenus, celle de Xerxès, de Cyrus le Jeune, d'Alexandre, de plusieurs diadoques et du consul Cn. Manlius Vulso, ont toutes touché ce point, tandis que pour le reste, leurs marches avaient des directions bien différentes. Célènes apparaît toujours comme un point important de repos et de recueillement.

La route la plus courte vers la côte, celle que suit aujourd'hui le chemin de fer, passait d'abord au sud-ouest, le long du lac salé d'*Anava* (*Adji-touz-gol*), entrait dans la vallée latérale du Lycus (Tchourouk-Sou) pour rejoindre le Méandre près de Sarakeuï. Là elle se partageait en deux branches; celle de gauche se dirigeait, en ligne droite, en Carie et plus loin, à Ephèse, tandis que celle de droite se rendait à Sardes.

Cette route d'Apamée à Sardes a dû être une artère capitale dès la plus haute antiquité. Xerxès, dans sa marche de l'intérieur à Sardes, aussi bien que Cyrus, dans la direction opposée, plus tard encore Antiochus le Grand dans son expédition contre Pergame (T. Liv. XXXV, 5), ont pris cette route, au lieu de celle de la vallée de l'Hermus qui, pour leurs marches, aurait été la plus courte. Non seulement il existait une route dans la vallée de l'Hermus, mais ce n'était rien moins que la route royale des Perses, sur laquelle nous connaissons les données d'Hérodote (V. 52 et suiv.), et qui reliait Sardes à Suse. Elle passait à Pessinonte et à Ancyre, traversait l'Halys et rejoignait à Ptérie (Bogaz-Keuï) une autre route plus antique qui reliait la Mésopotamie à cet ancien royaume de Cappadoce, et sans doute à la mer près de Sinope [1]. C'est ainsi qu'on s'explique ce grand écart vers le nord de la route royale. Il n'en est pas moins vrai qu'une autre voie allait d'Ephèse par Apamée et la Cappadoce jusqu'à l'Euphrate.

Le fait que cette route d'Apamée était déjà une ancienne artère principale, ressort de la donnée de Xénophon, d'après laquelle le grand roi se construisit dans cette ville une acropole et un palais. De même dans la table de Peutinger, Apamée, d'accord avec sa position, forme le point de croisement des principales routes de toutes les provinces voisines.

Pendant longtemps l'incertitude au sujet de la position de cette ville, formait un des *desiderata* les plus regrettables de la topographie de l'Asie Mineure. Leake, le premier, sans cependant avoir visité les lieux, plaça cette ville à Dinair dont l'identification était réservée au voyageur anglais, le rév. Arundell, qui la visita à deux reprises, en 1826 et en 1833, et en donna une description

---

1. Voir à ce sujet l'intéressante dissertation de M. Ramsay : *Hist. Geography of Asia Minor*, l'art. 1, p. 27 et suiv.

détaillée (1). Hamilton y toucha deux fois (1836) et en fixa la latitude à 38°3'. Enfin en 1875, G. Hirschfeld en fit un relevé topographique et traita toute la matière dans une savante monographie publiée dans les *Transactions de l'Académie de Berlin* (2).

La mythologie consacre en quelque sorte la position intermédiaire de Célènes par deux mythes parallèles, symbolisant la victoire de la civilisation grecque sur la barbarie indigène. N'est-ce pas ici que Lityersès, fils naturel de Midas, comme roi et laboureur, forçait les étrangers d'entrer en lutte avec lui dans l'usage de la faux, et tuait les vaincus, jusqu'à ce que Hercule lui donna le coup de grâce? N'est-ce pas à Célènes, ou mieux dans la vallée d'Aulocrène, qu'Apollon vainquit et écorcha vivant Marsyas, le joueur de flûte; encore bien tard on montrait l'arbre (un platane, Pline, XVI, 240) auquel le satyre avait été attaché. Sa peau, sous forme d'outre, fut conservée dans la grotte d'où sortait la rivière Marsyas, provenant elle-même du sang de l'écorché. Sur les monnaies d'Apamée, le dieu du fleuve parait tantôt debout, dansant sur la pointe des pieds, tantôt couché dans sa grotte, et souvent réuni au Méandre.

La position centrale de Célènes est encore exprimée d'une manière plus spéciale par Dion Chrysostome (orat. XXXV, ἐν Κελαιναῖς τῆς Φρυγίας, § 14) τῆς δὲ Φρυγίας προκάθεσθε καὶ Λυδίας ἐπὶ δὲ Καρίας; dans tout son discours, il considère Célènes, à cause de son abondance d'eau, de la fertilité de son territoire et de sa position favorisée comme une ville des plus heureuses.

Du temps de Xerxès, Pythius, Lydien de naissance, l'homme le plus riche après le grand roi, florissait dans cette ville commerçante. Le fils de Darius, à son retour de Grèce, construisit à Célènes non seulement une acropole, mais aussi un palais. D'après Xénophon, Cyrus le Jeune y possédait un palais et un parc que traversait le Méandre. Puis l'on ne rencontre le nom de la ville qu'à l'époque d'Alexandre, quand le conquérant venant de Pisidie, au lieu de l'assiéger, préféra s'entendre à l'amiable avec les braves habitants (3).

1. Arundell. — *Seven Churches*, et *Discov. in Asia Minor*, I, p. 175, — 1836.
2. G. Hirschfeld. — *Kelainai — Apameia-Kibotos*, — 1876.
3. « Alexandre, après avoir pris Sagalassus et vaincu les Pisidiens, arriva en cinq jours de marche à Kelainai; elle était alors le siège du satrape de Phrygie. Il trouva le château gardé par une garnison de mille Cares et de cent Grecs; Atizyès, le satrape, avait pris la fuite. On promit à Alexandre de

Sous les diadoques, Apamée fut à la fois un lieu de refuge sûr et une porte de sortie qui conduisait de l'Orient dans la partie occidentale de la contrée.

En 321, Eumène y dresse ses quartiers d'hiver et abandonne à ses soldats, en guise de solde, les riches pâturages de la ville.

Deux ans plus tard, Antigone entreprend d'ici son expédition contre Cyzique; en général, ce prince paraît avoir fait dans cette cité un séjour très fréquent. Quand la Phrygie avec toute l'Asie antérieure eut passé des mains de Lysimaque dans celles des Séleucides, ceux-ci, ici comme partout, sont fondateurs de villes; à la vérité, ils se contentent, le plus souvent, de transporter d'anciens établissements dans des positions plus commodes, telles que l'exigeaient des temps plus sûrs et plus civilisés.

A Célènes, ce fut Antiochus Soter qui a été le nouveau fondateur; il nomma la ville *Apamée*, d'après sa mère *Apama*. Il la fit descendre un peu plus dans la plaine; surtout il abandonna complètement l'ancienne acropole que Strabon cite comme tout à fait déserte.

Les Séleucides avaient, dans cette station principale, un palais dans lequel, en 193, les ambassadeurs romains rencontrèrent Antiochus. C'est ici que Manlius Vulso, qui avait déjà passé près d'Apamée lors de son expédition contre les Galates, conclut la paix définitive avec Antiochus, d'après laquelle la Phrygie fut comprise dans le royaume des Attalides.

Quand les Romains eurent pris possession de l'héritage de cette dynastie, Apamée paraît dans un des diocèses asiatiques qui appartenaient à la Cilicie, et devint le siège d'un Conventus annuel, dont relevaient six grandes villes et onze ou mieux neuf petites, et pour la session duquel, Cicéron, comme proconsul de Cilicie, siégea pendant quatre jours.

De cette manière, la ville florissait et conservait son importance; Strabon désigne Apamée et Laodicée comme les plus grandes

rendre la ville et l'acropole, si elle n'était secourue à une époque déterminée (Curt. III, 1, 8, donne soixante jours). Le roi accepta: sans doute redoutait-il la trop grande perte de temps qu'aurait exigée la prise de la cité, d'autant plus qu'une marche rapide sur Gordium et vers le Taurus, rendait tout secours impossible. Il laissa une division de 1500 hommes à Célènes, donna la satrapie à Antigone son lieutenant et, après un repos de dix jours, quitta la ville pour se rendre à Gordium. »

DROYSEN, *Histoire d'Alexandre et des Diad.*

villes de la Phrygie, et ne place Apamée, ἐμπόριον μέγα τῆς ἰδίας λεγομένης 'Aσίας, qu'après Ephèse. C'est sans doute à cette importance commerciale que se rapporte le surnom de Cibotos, à moins que ce ne soit un ancien nom phrygien, sous une forme hellénisée.

De bonne heure le christianisme jeta des racines profondes en Phrygie. Au second siècle, l'hérésie de Montanus suscita une controverse générale et donna lieu à Eusèbe, le premier historien de l'Eglise, à mentionner le district de *Pépouza*. Il parle aussi des grandes villes du Lycus, Tripolis, Hiérapolis et Laodicée; dans la première, *Philippe l'Evangéliste* avait fondé une communauté chrétienne, la seconde était illustrée par *Papas* et *Apollinaris*. Il existe une seconde série de documents historiques, les inscriptions. On sait que les inscriptions chrétiennes sont bien rares avant le temps de Constantin, quand le christianisme fut déclaré religion d'Etat; il y a deux exceptions à cette règle, l'une dans les Catacombes de Rome, l'autre en Phrygie. Il est vrai, ce ne sont que des épitaphes, brèves de style et maigres de renseignements. Pendant les persécutions, elles ne portent naturellement aucune indication de la religion du mort; mais elles expriment d'une manière ou d'une autre, leur caractère chrétien. Elles sont souvent rédigées en un grec bien corrompu. M. Ramsay fait à ce sujet l'observation suivante : « Les épitaphes des grandes villes, surtout de celles de la Phrygie méridionale, près des grandes routes et des principaux centres de commerce, sont bien plus correctes que celles des districts de la campagne. On en peut conclure que les habitants de la Phrygie n'apprirent à parler le grec que sous l'empire romain. Les grandes villes avec leurs transactions commerciales plus actives font exception à cette règle qui ne s'applique qu'à la masse de la population dans les villages et les petites villes. De légères indications me portent à croire que c'est la religion chrétienne qui répandit l'usage de la langue grecque [1].

Il y a deux classes bien distinctes d'inscriptions: celles du nord et de l'ouest, et celles du centre et du sud. Il y a eu sans doute deux courants de propagande chrétienne, l'un venant du nord et l'autre d'un point quelconque du sud.

Les inscriptions de la Phrygie centrale et méridionale appar-

1. *Expositor*, 1880.

tiennent surtout aux villes; elles sont très rares dans les districts ruraux; elles montrent que des notables, des sénateurs étaient quelquefois chrétiens, et permettent de penser que les chrétiens formaient l'élément prépondérant dans diverses cités, telles que dans l'importante et riche *Euménia* (Ichekli).

Dans le nord, elles commencent : *Chrétiens aux Chrétiens*; quelques-unes même, plus anciennes sans doute, ont χριστιανοί. Dans un coin de la pierre tombale, est inscrite la formule : μὴ ἀδικήσῃς τὸν Θεόν σου. — Dans le sud, on emploie une autre formule contre le transgresseur : il aura à compter avec Dieu, ἔσται αὐτῷ πρὸς τὸν Θεόν.

Nous donnons dans l'appendice une série d'épitaphes d'Apamée, tant païennes que chrétiennes qui permettront au lecteur curieux de comparer les changements successifs que les chrétiens apportèrent à la rédaction de leurs inscriptions funéraires.

Il résulte de ces données que le christianisme était ouvertement professé en Phrygie au IIIe siècle de notre ère, plusieurs générations avant l'époque de Constantin.

A côté des chrétiens, vivaient aussi de nombreuses colonies juives; à Apamée surtout, ces derniers paraissent avoir reconnu un centre principal.

Il est en effet d'un intérêt tout particulier de trouver ici localisée une tradition de l'Ancien Testament, c'est-à-dire la descente de l'Arche de Noé. Car, non seulement dans les oracles sibyllins le mont Ararat est transféré sur la montagne phrygienne de Kélainai, mais aussi trois médailles impériales, parfaitement authentiques, montrent l'arche avec un homme et une femme, représentés, en outre à côté, levant les mains au ciel pour rendre des actions de grâces; à l'arche se trouve l'inscription ΝΩΕ (voir la méd. sur le plan).

On peut se demander ici si cette tradition était autochthone ou importée par les colons juifs. Chez un grand nombre de peuples dispersés sur la surface du globe, il existe en effet une tradition relative à un déluge ou à une inondation qui aurait, dans les temps primitifs, détruit la presque totalité d'une race d'hommes ou même l'espèce humaine tout entière. François Lenormant, dans les *Origines de l'histoire d'après la Bible*, après avoir traité des déluges grecs d'Ogygès et de Deucalion, dit : « En Phrygie la tradition était nationale comme en Grèce. La ville d'Apamée en tirait

son surnom de Cibotos ou arche, prétendant être le lieu où l'arche
s'était arrêtée. Iconion, de son côté avait la même prétention (*Et.
de Byz.* v. Iconion). En Arménie deux montagnes, le Baris et l'A-
rarat, jouissaient du même honneur, Bérose raconte que sur les
monts Gordyéens, on visitait de son temps les restes du vaisseau de
Hasistras (le Noé chaldéen). Dans le Ier et IIe siècle de l'ère chrétienne, par suite de l'infiltration syncrétique de traditions juives
et chrétiennes qui pénétraient jusque dans les esprits encore
attachés au paganisme, les autorités sacerdotales d'Apamée de
Phrygie firent frapper des monnaies qui ont pour type l'arche
ouverte, dans laquelle sont le patriarche sauvé du déluge avec sa
femme, recevant la colombe qui apporte le rameau d'olivier, puis
à côté les mêmes personnages sortis du coffre pour reprendre possession de la terre. Sur l'arche est écrit le nom de Noé, c'est-à-
dire la forme même que reçoit l'appellation de Noah dans la ver-
sion des Septante. Ainsi à cette époque, le sacerdoce païen de la
cité phrygienne avait adopté le récit biblique avec ses noms
mêmes et l'avait greffé sur l'ancienne tradition indigène. »

Cette doctrine du déluge phrygien est admise non seulement
par les exégètes et les commentateurs des livres bibliques, mais
par les historiens profanes eux-mêmes. Droysen ajoute : « La
légende doit avoir été importée de Célènes où elle sera venue de
Babylone, et c'est plus tard seulement qu'elle se sera combinée
de cette façon avec la tradition juive (t. II, 174). »

Enfin M. Th. Reinach, dans les « *Monnaies juives*, 72 » dit :
« Les Phrygiens avaient leur mythe du déluge qui avait fini par
se localiser à Apamée Cibotos. Comme cette ville renfermait dès
l'époque de Cicéron une nombreuse population juive, il dut s'o-
pérer de bonne heure une fusion des deux légendes. »

M. E. Babelon, dans une intéressante étude sur ce sujet, (*Revue
de l'histoire des Religions*, t. XXIII, nᵒ 2, p. 174) repousse cette
tradition indigène et n'accepte que celle du récit biblique. Voici
ses arguments qui, dans l'état actuel de la science, nous paraissent
péremptoires.

En premier lieu, nous constatons que la tradition du déluge en
Phrygie, à l'époque de la domination romaine, est localisée à
Apamée, fondée par Antiochus Soter. D'autre part, il importe à
notre sujet de rappeler le passage des Antiquités Judaïques de
Josèphe (XII, 3, 4) dans lequel l'historien juif raconte comment

la Phrygie en particulier fut peuplée de colons juifs qu'y appela
Antiochus III le Grand. Le roi de Syrie écrit à Zeuxès, le chef de
ses armées en Lydie et en Phrygie, qu'il croit nécessaire, pour
maintenir ces contrées dans l'obéissance, d'y transporter deux
mille familles juives de la Mésopotamie et de la Babylonie. Antiochus ajoute qu'il a éprouvé la fidélité et le dévouement des
Juifs à sa cause et qu'il tient à les en récompenser. Il veut qu'ils
vivent dans leur nouvelle patrie, c'est-à-dire en Phrygie, suivant
leurs propres lois; qu'on leur donne des places pour bâtir, des
terres pour cultiver et planter des vignes, sans qu'ils soient
obligés, durant dix ans, de rien payer des fruits qu'ils recueille-
ront. On leur fournira du blé pour vivre jusqu'à ce qu'ils aient
moissonné leur première récolte; nous vous recommandons, ajoute
le roi, de prendre un si grand soin d'eux que personne n'ait la
hardiesse de leur faire du déplaisir.

Les colons juifs installés en Phrygie par les princes Séleucides
y demeurèrent et s'y multiplièrent sous la domination romaine.
Apamée particulièrement, au temps de Cicéron, contenait une
très nombreuse population juive. Cicéron évalue à 100 livres la
quantité d'or destinée à Jérusalem, qui fut confisquée par Flac-
cus sur les Juifs d'Apamée (*pro Flacco*, 28). Th. Reinach remarque
que cette somme correspond à 350 kilogr. d'argent (70,000 fr.).

La population d'Apamée à l'époque romaine était juive en grande
partie; la tradition phrygienne n'est donc que la tradition biblique
implantée dans le pays par les colons Juifs. Car elle n'existait pas
avant l'arrivée des Israélites, ni présente-t-elle des particularités
que n'aurait pas le récit biblique. La conjecture de Droysen ne
repose sur aucun fondement et elle n'a été inspirée à son auteur
que par une idée préconçue (1).

Le surnom de Cibotos est donné à Apamée, la première fois, par
Strabon, c'est-à-dire à l'époque romaine. D'après Pline (*Tertius
Asiæ conventus Apamiam vadit, ante appellatam Celænas, dein
Ciboton*, V, 106), si l'on peut insister sur son texte, c'était même
là le nom de la ville pendant un certain temps, ce qui justifierait
l'hypothèse de M. Ramsay que Cibotos est un nom phrygien trans-
formé plus tard en un vocable grec, comme Κέλεναι en Κελαιναί.

1. Il serait aussi difficile de comprendre comment les Phrygiens, venus
de Thrace, auraient conservé une tradition babylonienne. Il est vrai que
Droysen les fait venir de l'Arménie.

Les témoignages littéraires sur la question ne sont pas plus concluants. Dans les oracles sibyllins, recueil incohérent de fables de tous les temps et de tous les pays, le passage qui concerne le déluge d'Apamée n'est qu'une amplification du récit biblique. Noé en est le héros; quand il a quitté l'arche, on lui adresse un discours pour l'exhorter à repeupler la terre. D'après Suydas et Et. de Byz., on racontait qu'à Iconium avait régné un peu avant le déluge, un saint homme nommé Annacos ou Nannacos, qui l'avait prédit et avait occupé le trône pendant plus de 300 ans. Or, il est manifeste que loin d'être un héros national, cet Annacos (l'Assyrien Annunáki) n'est que le Hannoch biblique avec ses 365 ans de vie dans les voies du Seigneur.

Ainsi en venant s'installer à Apamée sous les premiers rois Séleucides, les colons juifs apportèrent avec eux en Phrygie leurs traditions nationales. Peu à peu ils les localisèrent dans leur patrie d'adoption, et ce sont ces souvenirs bibliques plus ou moins altérés et hellénisés que les historiens ont pris pour d'antiques légendes de la race phrygienne. Il ne saurait plus être question selon nous de syncrétisme et de pénétration réciproque de la tradition païenne et de la tradition juive, sous l'influence des idées chrétiennes.

Mais, nous dira-t-on, le récit de la Genèse place au contraire l'événement dans les montagnes d'Arârât. Le lieu où s'arrêta l'arche n'était point fixé avec précision dans la tradition biblique, et ce sont seulement d'anciens interprètes grecs et latins de l'Ecriture sainte qui ont localisé l'Ararat du déluge au mont Massis en Arménie. La tradition juive était si vague à cet égard que la montagne où Noé est sorti de l'arche est placée en vingt régions différentes. Chaque colonie juive soutenait que la montagne la plus voisine était celle du déluge. Si les Juifs d'Apamée montraient aux curieux les débris du vaisseau de Noé, on conservait des épaves anologues dans les monts Gordyéens, ainsi que dans une localité voisine de Van et dans une autre située sur le mont Massis (1).

1. Voyez, au sujet de ces localisations, Fr. Lenormant, op., cit. II, p. 1 et suivantes.

Sans déprécier l'importance relative de Célènes à l'époque phrygienne, ou celle d'Apamée Cibotos sous les Diadoques, il est évident que cette ville n'atteignit son apogée de grandeur qu'à la
période romaine, quand la « *Pax romana* » eut fait sentir son
heureuse influence sur tout le littoral de la Méditerranée. Apamée
devint alors pour l'Asie Mineure, l'entrepôt de tout le commerce
de l'intérieur avec Ephèse et Rome. Après la pacification de la
contrée elle est le chef-lieu d'un conventus dont dépendaient les
villes de Métropolis, Dionysopolis, Euphorbia, Acmona, Peltae,
Silbia et neuf autres sans renom (Pline, V. 29).

Apamée faisait partie, pendant quelque temps, du gouvernement
de Cilicie; le proconsul de cette province, à cause des pirates de
la Pamphylie, qui rendaient la mer peu sûre, devait prendre la
voie de terre pour se rendre à sa destination et passer par conséquent par Apamée. Aussi Cicéron, nommé proconsul de Cilicie,
y tient-il une session de quatre jours.

L'administration était composée du *dèmos*, de la *boulé*, et des
citoyens romains habitant la ville, sans doute comme fonctionnaires
publics. Un *centurion* ou *praepositor* représentait le gouvernement
central (insc. VIII). Le magistrat chargé de l'exécution des décrets
est appelé dans les deux premiers siècles Ἀργυροταμίας, caissier
(insc. I et II); plus tard, c'est le γραμματεύς ou greffier (insc. VIII
et IX).

La sollicitude des empereurs pour la ville trouve son expres-
sion dans les décrets votifs, les statues et les monuments qu'on
élève en leur honneur. Une inscription bilingue (c. I, G. 3957, et
Mittheilungen, 1891, p. 236) du 1ᵉʳ siècle expose des considérations philosophiques pour honorer le jour de naissance de l'empereur, et établit la réforme du calendrier.

L'inscription IX nous apprend qu'il y avait à Apamée un temple
consacré à Rome, dont le prêtre cumulait alors les charges de
greffier du dèmos et de gymnasiarque. Il est fort probable que
c'est ce temple qui portait la grande inscription bilingue.

Au IIᵉ siècle, les Apaméens dressent des statues à *Marcia*, sœur
de l'empereur Trajan, femme d'un grand mérite, et à sa fille *Mat-
tidia*, qui toutes les deux portent le titre d'*Augusta* (insc. II).

Au IIIᵉ siècle, les deux fils de l'empereur Gallien reçoivent une
dédicace (insc. VII), sans doute en commémoration de privilèges
accordés à la ville.

Des citoyens, en reconnaissance de leurs bienfaits, obtiennent les mêmes distinctions. Artas, fils d'Artémidore est honoré d'une statue pour avoir réparé le Stade (insc. IV). Tibère K. Mithridate, fils de Tibère, et grand-prêtre d'Asie, comme protecteur et b enfaiteur, se voit également dresser une statue. Ces distinctions continuent dans cette famille qui paraît avoir été très importante. Les inscriptions V et VI mentionnent un autre membre de la même famille, prêtre à vie de Jupiter Celaineus, gymnasiarque, agoranome et éphébarque.

La vie antique, telle que la Grèce et Rome l'avaient développée, s'épanouissait en plein dans la ville d'Apamée.

Cette prospérité se maintient aussi longtemps que Rome resta la seule capitale du monde romain, et que, par conséquent, la route du Lycus continua d'être la grande artère du commerce en Asie, avec Éphèse comme port de mer. Le premier coup qu'elle reçut fut le choix de Nicomédie comme résidence, en 292, par l'empereur Dioclétien. La décadence s'accentua davantage quand Constantin le Grand fit de Byzance la seconde capitale de l'empire. Toutes les routes, et par conséquent tous les intérêts, convergent dorénavant vers la nouvelle Rome ; Apamée tout spécialement, voisine de la tête de l'ancienne artère, perd toute son importance : d'Iconium et de Césarée, les nouvelles voies se dirigent vers le nordouest et créent d'autres centres de commerce. Ce nouveau système de communication fut achevé sous Justinien.

Apamée dans Hiéroclès (530) ainsi que dans les *Notitiæ episcopatuum*, fait partie de la Pisidie. Il est permis d'en inférer qu'elle avait perdu dès lors ses points de rattache avec le nord et l'ouest.

Les incursions répétées des Arabes au VIIIe et au IXe siècle, contribuèrent à l'appauvrissement général de cette partie de l'Asie Mineure. Quand les Seldjoukides fondèrent au siècle suivant l'empire d'Iconium (*Konieh*), Apamée, située sur la frontière et sujette à toutes les vicissitudes de la guerre, ne put que tomber de plus en plus. En effet, c'est de ce point que partent pendant trois siècles les nombreuses expéditions des Seldjouks pour la conquête de la vallée du Méandre, vivement disputée par les empereurs de Constantinople, incursions dont le résultat final fut la disparition complète non seulement d'Apamée, mais de beaucoup d'autres villes telles que Colosses, Laodicée, Hiérapolis, Tripolis, etc.

Vers le XIe siècle Apamée n'est plus qu'un village. Il ressort

même des données des auteurs byzantins qui racontent les luttes
des empereurs de Constantinople avec les sultans d'Iconium, que
l'ancienne route du Lycus ne passait plus à Apamée (Ramsay,
Hist. Geogr. of Asia Minor, p. 89 et 430 ; elle partait d'Appa ou
Boyalli pour se diriger sur Homa, quatre lieues au nord de Dinair (1). Justinien avait bâti une forteresse à Homa, l'ancienne
Soublaion (Silbia), qui porta pendant quelque temps le nom de
Justiniaropolis ; elle devait protéger le passage (cleisoura) de
Τουβριτσή qui conduisait sur le plateau central. La gorge elle-même
était défendue par un fort nommé *Myriokephalon*, mais qui était
en ruine du temps de Manuel Comnène. De même *Chonas*, sur un
contrefort du Cadmos, remplaça Colosses, située dans la plaine
et trop difficile à défendre. Sur cette route de Chonas à Homa,
étaient situées les villes de Graos-Gala et de Charax ; cette dernière ne doit pas être confondue avec la Charax d'Alexandre,
mentionnée par Et. de Byzance.

Au XIIᵉ siècle les trois Comnènes, Alexius, Jean et Manuel se
signalent par leurs nombreuses expéditions contre les Turcs de
Konich. Ils attaquent l'ennemi, du nord par Koutayeh, du sud par
la Pamphylie et de l'ouest par la route de Chonas à Homa. En
1145, Manuel fait sa première campagne contre les Seljouks ; à son
retour il campe à Homa. Cinnamone (11, 7, 47), raconte tout au
long les dangers que l'empereur courut dans une excursion de
chasse vers les sources du Méandre. Manuel n'échappe qu'à
grand'peine à un détachement de Turcs campés à cet endroit. Il
est à noter que l'historien byzantin ne mentionne pas le nom
d'Apamée.

Depuis longtemps, sans doute, les chrétiens avaient abandonné la ville pour chercher un refuge dans les places for-
tifiées de Chonas et de Homa. Il est même probable que l'emplacement resta désert pendant un certain temps. Quand plus tard,
de nouveaux colons, turcs cette fois, s'établirent au milieu des
ruines, tout souvenir de l'ancien nom avait disparu. La nature,
seule affirmait ses droits ; le gibier caractérisait toujours la contrée,
aussi le nouvel établissement reçut-il le nom de *Guéikler*, c'est-
à-dire les *cerfs*. Ainsi les habitants changeaient, mais les
conditions physiques restaient les mêmes ; comme du temps

---

1. Le chemin de fer suit une direction analogue.

de Cyrus le Jeune, de Manuel Comnène, les montagnes d'alen-
tour sont aujourd'hui encore fameuses par leur faune.

Cette manière de voir semble être confirmée par l'itinéraire du
moine Tagenon. On sait que la troisième croisade (1190), comman-
dée par Frédéric Barberousse, empereur d'Allemagne, traversa
toute l'Asie Mineure, en passant par Gallipoli, Thyatire, Laodicée,
Iconium et arriva jusqu'aux bords du Calycadnus (Sénef), dans
les flots duquel Frédéric trouva la mort. Voici comment Tagenon
décrit les lieux qui nous intéressent :

Avril 14. — Kakanoa (Besh Guélembé), le château était désert;
           on avance vers Thyatire.

Avril 21. — Philadelphie : on y reste deux jours; bataille avec
           les Grecs ; Aétos, Tripolis la Petite, Hiérapolis,
           bataille avec les Grecs.

Avril 27. — Laodicée, réception hospitalière par les Grecs.

Mai   1. — A travers *loca desertissima Turciæ;* le long d'un
           lacus salinarum (Anava), à l'endroit *ubi fluvius
           Mœandra* (Méandre) *oritur.* Bataille

Mai   2. — Sozopolis (Apollonia, Oulou-bourlou).

Tagenon ne cite non plus le nom d'Apamée; l'armée allemande
aura suivi la route d'Appa à Homa et le chroniqueur aura pris les
sources abondantes de cette localité pour celles du Méandre.

Il paraît qu'on trouve encore à cette époque, dans les listes
ecclésiastiques, le nom des évêques d'Apamée [1]. Il nous est impossible à Smyrne, de vérifier cette donnée. Peut-être le titulaire
avait-il conservé ce nom, mais résidait-il autre part, tel, de nos
jours, l'archevêque d'Ephèse a son siège depuis longtemps à
Magnésie du Sipyle. L'évêque suffragant du Métropolitain de
Smyrne, porte le titre d'évêque de Christopolis, l'ancienne Dios
Hiéron [2], aujourd'hui Birghi, qui dépend de l'évêque d'Aïdin,
dont le nom ecclésiastique est Héliopolis.

Au XIVe siècle, quand les Seldjouks furent complètement maîtres
de l'Asie jusqu'à la mer Egée, et surtout quand Aïdin et les autres
lieutenants du sultan d'Iconium eurent fondé leurs royaumes
indépendants, la route du Lycus paraît avoir repris une certaine
importance. En effet, à Laodicée et à Tchardak, on voit des

1. Tomaschek, Dr W., *Zur Topographie von Kleinasien im Mittelalter,*
I, p. 99.

2. *Acta et Diplomata,* Miclosich et Müller, II, p. 104.

ruines d'anciens kans qui portent des traces évidentes de l'architecture de ce peuple. L'Ak-Kan, près de Denizli, est bâti tout en marbre blanc (de là son nom), provenant des ruines de Laodicée. Pococke vit, dans un des murs, la tête d'une statue, un bas-relief représentant celle de Méduse et un autre avec deux dragons. Heidt dans son ouvrage : *Levantehandel im Mittelalter*, t. I, p. 590, mentionne les transactions commerciales qui s'opéraient à Palatia (Milet), entre les Italiens et les Turcs, qui descendaient le Méandre en bateau et échangeaient leurs produits contre les marchandises européennes.

Les géographes arabes, les plus anciens du moins, tel qu'il ressort de l'analyse que M. Vivien de Saint-Martin (1) en a faite, ne mentionnent pas de ville située aux sources du Méandre. Un seul des itinéraires d'*El-Edressi* (en 1117), celui de Nikia (Nicée) à Antalia (Attalia) sur la mer de Syrie, aura quelque intérêt pour nous; il est vrai que cette route passait sur le plateau supérieur et ne touchait point Apamée ou Dinair. De même, en 1325, *Ben Batuta*, le célèbre voyageur arabe, venant de Syrie, débarque à Alaïa en Pamphylie, se rend par terre à Attalia, remonte dans l'intérieur à Bouldour, d'où il vient à Akridur (Egherdir) en passant par Sabarta (Isparta). De là il se rend à Kara-Hissar; puis changeant brusquement de direction, il se rabat vers le sud-ouest et arrive à Ladek (l'ancienne Laodicée *ad Lycum*), sans avoir vu l'emplacement d'Apamée.

Ce n'est qu'au XVIIe siècle que Hadji-Khalfa, le géographe turc, dans son *Djihan Numa* (Miroir du monde) fera mention de Guéïkler, dans le liva de Koutaïeh :

« Guéïkler est le nom d'un gros village et kadhilik, situé à l'est » de Tazi-kari. Il s'y tient une foire une fois la semaine, et il y passe » une rivière. »

M. Vivien de Saint-Martin l'identifiait à tort avec Seghikler, entre Ichékli et Oushak (2). Guéïkler est aujourd'hui encore le nom officiel de Dinair.

En 1735, Pococke, le premier voyageur européen qui fasse mention de Dinair, se rend de Chonas à Ichékli en passant par le Tchal ova. Il entend parler d'un village de Dinglar près des sources

---

1. *Description de l'Asie Mineure*, t. I, p. 473 et suiv.
2. *Description de l'Asie Mineure*, t. II, p. 690.

du Méandre et en conclut qu'il occupe l'emplacement de l'antique Célènes et d'Apamée Cibotos.

Chandler [1], en 1764, est empêché par le mauvais vouloir des Turcs, de continuer son voyage jusqu'aux sources du Méandre; il ne fait que citer Pococke.

Le colonel Leake, en 1800, ne visite non plus ce site, mais, le premier, il résume (*Tour in Asia Minor*, p. 158), toutes les données des anciens qui concernent la ville d'Apamée.

L'identification définitive était réservée au Rév. Arundell, chapelain de la communauté anglaise de Smyrne, qui, à deux reprises, en 1826 et 1833, passa à Dinair qu'il nomme Deenare et en donna une description sommaire [2].

L'étude scientifique du sujet fut faite par M. Hirschfeld, dans les *Transactions de l'Académie de Berlin*, 1876 Kelainai-Apamea-Kibotos): il avait visité les lieux l'année précédente.

TOPOGRAPHIE

Apamée fut souvent ravagée par d'affreux tremblements de terre; Strabon en mentionne deux de très violents; l'un du temps d'Alexandre, l'autre pendant le règne de Mithridate, qui donna alors aux Apaméens cent talents pour la reconstruction de leur ville. De même, du temps de Claude, on remit à la ville, éprouvée par un tremblement de terre, les contributions pour cinq ans. Aussi les Apaméens, quoique habitant l'intérieur, honoraient-ils Neptune, qui ébranle la terre; le mythe exprimait la chose en faisant dériver le nom Kélainai, de Kélainos, fils de Neptune et de la danaïde Kélaino (Strab., XII, 8, 18).

Avant de procéder à la topographie d'Apamée, citons par ordre chronologique quelques-uns des auteurs anciens qui ont fait mention de cette ville. M. Hogarth [3] en cite douze, dont un seul, Xénophon, parle de visu: Strabon donne la description la plus complète;

1. *Travels in Asia Minor*, p. 301.
2. *Discoveries in Asia Minor*, t. 1, p. 182.
3. *Hellenic Studies*, 1888.

on peut ranger les autres à leur suite, en tant qu'ils ne divaguent
pas (are. not hopelessly at sea as to the whole topography of the
site . « Il n'est pas étonnant qu'ils le soient sans l'évidence de leurs
propres yeux, ou une carte exacte pour les guider : on ne peut
mieux s'en rendre compte qu'après avoir été actuellement à Dinair. »

Voici ce que dit Hérodote (VII, 26), au Ve siècle avant J.-C. :

« Lorsque l'armée de Xerxès eut franchi le Halys, elle entra en
» Phrygie et vint à Célènes où sont les sources du Méandre et celles
» d'un autre fleuve qui ne lui est pas inférieur, que l'on nomme
» Catarrhactès; il prend sa source dans l'agora de la ville et va se
» jeter dans le Méandre; il y a aussi dans la ville la peau du silène
» Marsyas en forme d'outre et appendue aux murailles. »

Xénophon (Anab. I, 7, 9), en décrivant la marche de Cyrus le
Jeune, s'exprime ainsi :

« De là (de Colosses), il fit vingt parasanges en trois marches et
» atteignit Célènes, ville de Phrygie, grande, riche et peuplée.
» Cyrus y avait un palais et un grand parc rempli de bêtes fauves
» qu'il chassait à cheval. Le Méandre traverse ce parc; ses sources
» sont près du palais (de Cyrus), il coule aussi par la ville de Cé-
» lènes. Dans la même ville, il y a un palais royal appartenant au
» grand roi; il est situé au-dessus des sources du Marsyas, sous l'a-
» cropole. Cette rivière traverse aussi la ville et se jette dans le
» Méandre; elle a vingt-cinq pieds de largeur. Ce fut là, dit-on,
» qu'après avoir vaincu le satyre Marsyas, qui osait lui disputer la
» palme de la musique, Apollon l'écorcha et suspendit sa peau
» dans la grotte d'où sortent les sources de la rivière; de là le nom
» du fleuve. On prétend que Xerxès bâtit ce château et la citadelle
» de Célènes à son retour de Grèce, où il venait d'être vaincu. »

Strabon XII, 8, 15 :

» Apamée est un des grands *emporia* de l'Asie proprement dite,
» le second en importance après Ephèse, qui est, comme on le
» sait, l'entrepôt général des marchandises d'Italie et de Grèce.
» C'est vers le confluent du Marsyas (et du Méandre) qu'est située
» Apamée. Le Marsyas qui prend son origine près de l'acropole,
» traverse Apamée dans toute son étendue, et c'est seulement
» après en avoir baigné le faubourg qu'il unit ses eaux rapides
» et impétueuses aux eaux du Méandre, déjà grossies d'un autre
» affluent, l'Orgas qui, coulant sur un terrain uni, se fait remarquer

» au contraire par son cours tranquille et lent... Quant à sa source
» (du Méandre), elle se trouve située à Célènes, colline au sommet
» de laquelle s'élevait naguère une ville de même nom, mais toute
» la population de cette ville a été transportée par Antiochus Soter
» à Apamée quand, pour honorer sa mère Apama, il voulut donner
» son nom à une ville nouvelle. C'est aux environs de Célènes que
» la fable place la scène des aventures d'Olympus, de Marsyas et
» notamment du combat de Marsyas et d'Apollon. Ajoutons qu'il
» existe au-dessus de Célènes un marais où croît en abon-
» dance l'espèce de roseau la plus propre à faire des anches
» ou embouchures de flûte et que du fond de ce même lac,
» à ce qu'on assure, jaillit la double source du Marsyas et du
» Méandre. »

Tite-Live (38, 13), en racontant l'expédition du consul Manlius
contre les Galates, fait au sujet du Méandre, la digression suivante :

« Manlius alla camper près d'Antioche sur le Méandre. Ce
» fleuve prend sa source à Célènes, ancienne capitale de la Phrygie.
» La ville de Célènes avait été abandonnée de ses habitants, et à
» peu de distance de là, s'était élevée une nouvelle ville appelée
» Apamée... Non loin du fleuve Méandre est aussi celle du fleuve
» Marsyas qui se jette dans le Méandre. C'est à Célènes, dit la fable,
» qu'eut lieu le combat de flûte de Marsyas avec Apollon. Le
» Méandre prend sa source sur les hauteurs de Célènes, descend
» au milieu de la ville, traverse la Carie, etc. »

Pline V. 106, 1er siècle après J.-C. :

» La troisième juridiction siège à Apamée, nommée autrefois
» Célènes, puis Cibotos. Elle est située au pied du mont Signia
» et entourée (circumfusa) par le Marsyas, l'Obrimas et l'Orgas
» qui se jettent dans le Méandre. C'est là que revient à la surface
» du sol le Marsyas, né et peu après perdu sous terre à Aulocrène,
» là où il disputa à Apollon le prix de la flûte. On appelle ainsi
» une vallée qu'on rencontre à dix mille pas d'Apamée, sur la
» route de Phrygie. »

Maxime de Tyr (Dissert. 88), IIe siècle après J.-C. :

» Les Phrygiens qui habitent autour de Célènes honorent deux
» fleuves, le Marsyas et le Méandre; je les ai vus, ils proviennent
» d'une seule source; sortant sur la montagne, elle disparaît vers
» le sud de la ville; puis elle ressort dans la ville en partageant

» ses eaux et ses noms, l'une, le Méandre coule vers la Lydie,
» l'autre se perd dans la plaine. » Ici Maxime n'est pas exact (*he is
at sea*).

Etienne de Byzance, v⁰ siècle après J.-C. :

« Ἀπάμεια, .. ἔστι κατ τῆς μεγάλης Φρυγίας, ἥ τις ἐκαλεῖτο Κελαιναί. »

On a cru pendant longtemps que Célènes et Apamée étaient
deux villes distinctes; Chandler plaçait Célènes à Ichékli (Euménia) et Apamée à Dinair. Texier prétend que Célènes continua de
subsister sous l'empire romain, à côté d'Apamée. Or il ressort de
la lecture des textes cités que les deux villes occupaient le même
site; les sources du Méandre et du Marsyas sont à la fois à Célènes
et à Apamée, avec la différence que Strabon dit clairement que Célènes était abandonnée; en outre, on voit que le nom même de Célènes continua à être donné à Apamée jusqu'au delà du II⁰ siècle
de notre ère.

La chaîne de montagnes qui sépare la plaine de Dombaï de celle
de Dinair et qui est marquée au nord par le Samsoum Dagh, au
sud par l'Aïdogmusch (la lune se levant), se disloque vers l'ouest;
le sommet, au pied duquel s'échappe la source la plus forte, le
Souyoun-bashi, d'une paroi de rochers très caractéristique (1),
s'incline vers le sud en un plateau qui lui-même se termine par
une colline allongée en forme de faucille. Elle forme ainsi une
vallée d'où s'échappe une autre rivière d'Apamée, l'Orgas ali-
mentée par une source et un lac, près de Sheik-Arab-Sultan, avec
un cours tranquille et uniforme, pour se réunir au Méandre de-
vant la ville actuelle, tel que le décrit Strabon. A l'ouest du sommet principal s'élève une colline aplanie, appelée aujourd'hui
Itchlerdja, l'emplacement de l'acropole d'Apamée, et du pied de
laquelle s'échappe l'Ilidja (*Therma*) qui, après un cours de dix-huit
minutes, rejoint aussi le Méandre près du pont de la voie ferrée.

1. La tradition connaît la grotte où Apollon suspendit la peau de
Marsyas après sa victoire; cette grotte n'existe plus aujourd'hui; mais
les rochers éboulés permettent de supposer qu'à une époque quelconque
il y en avait une. Les deux courants modernes sont artificiels; ils ont
été faits pour amener l'eau des deux côtés, à un niveau plus élevé afin
d'alimenter les nombreux moulins à turbine qui encombrent le vallon.
Une route carrossable que l'administration ottomane se propose de
construire de Dinair à Kara hissar et qui traversera ce vallon, fera des
sources du Marsyas une promenade des plus charmantes.

Ce nom signifie source chaude, quoiqu'elle ne le soit plus; peut-être n'était-elle que tépide. L'Orgas ou Sheik-Arab-Sultan-Tchaï reçoit dans la plaine les eaux d'une quatrième rivière, qui prend son origine à la courbe de la colline en faucille et recueille les eaux de la source d'Indjirli au pied de la colline exploitée autrefois comme carrière. Les cartes et le profil fourniront l'explication de tous ces détails topogaphiques.

Cette quatrième source, fort riche, et que les habitants actuels appellent *Mendérès Duden*, a échappé à M. Hirschfeld; au reste la configuration des lieux montre combien il était facile de faire cette erreur; le travail du savant allemand n'en est pas moins fort consciencieux et *bahnbrechend* pour la topographie d'Apamée. C'est en voulant vérifier la courbe du Cheik-Arab-Sou, que M. Hirschfeld fait faire à cette rivière, que l'existence d'une autre rivière nous a été révélée. Parti de la station du chemin de fer, nous nous sommes dirigé vers le sud-est; arrivé aux bords de l'Orgas, il fallut remonter son cours jusqu'au pont à l'extrémité de la colline en faucille. Après avoir franchi la rivière, un chemin contourne cette colline; de l'Orgas, plus de traces; du pont, il traverse la plaine du sud au nord. Arrivé au milieu de la courbe, après avoir traversé la route de Dinair à Ketchibourlou, on trouve une forte source qui s'échappe d'un rocher au bord de la plaine; bientôt elle se jette dans un petit lac assez profond, en partie couvert de roseaux; il est long de 400 mètres environ. Une rivière assez forte s'en échappe, ce qui prouve que le lac est alimenté sur ses bords par d'autres sources. Cette rivière est longue de près de 2,000 mètres jusqu'au point de jonction avec l'Orgas. A l'endroit où elle reçoit les eaux de l'Indjirli-Sou, elle se dirige vers l'ouest et est traversée par un pont en partie antique, de 8 mètres de longueur; les voûtes en sont petites et nombreuses. C'est du reste le caractère commun à tous les ponts de Dinair, à l'exception de celui du Mendéré qui traverse la route au milieu de la plaine, en allant à la station. Il est antique, formé d'une seule voûte en plein cintre, de six mètres d'ouverture et d'un bel appareil hellénistique (1).

Si l'on accepte le Mendéré-Duden comme la source du Méandre,

1. On vient d'élargir ce pont par des appendices latéraux, qui, par le contraste, font ressortir l'œuvre antique.

les identifications seront relativement aisées, sans qu'on soit obligé de forcer les textes.

Le sommet principal, avec l'église antique, est la colline Κελαινά; sur le plateau inférieur, ainsi que sur la colline en faucille, se développait la ville phrygienne, qui, cependant, d'après les données de Xénophon, s'étendait jusque dans la plaine. En effet, à l'approche d'Alexandre, les habitants se retirent sur le sommet le plus élevé, l'acropole d'alors, qu'Arrien désigne comme πάντῃ ἀπότομος (1).

Les sources de Souyoun-Bashi, au pied de la colline de Célènes, et au centre de la ville antique, sont celles du Marsyas, si célèbre dans la mythologie et si souvent glorifié par les poètes. La beauté du site, la richesse des eaux, son cours rapide (Καταρράκτης chez Hérodote), tout s'applique encore aujourd'hui mot à mot. D'après Xénophon, le Marsyas avait vingt-cinq pieds de large, ce qui correspond à l'état des lieux actuel. Le palais de Xerxès s'élevait au-dessus de cette source, sur la première terrasse; en effet Xénophon le désigne comme au-dessous de l'acropole, ὑπὸ τῆς ἀκροπόλεως. L'Ilidja est trop petit pour lui donner l'importance du Marsyas, les deux sources à côté, auxquelles on a proposé de donner les noms de Claion et de Gélon, ont été recouvertes de voûtes pour supporter la route. M. Ramsay dans *Atheneum*. Aug. 15, 91, les cherche près des sources du Méandre. Notons ici, en passant, que le nom de Houdaverdy n'appartient pas aux sources du Marsyas qui s'appellent Souyounbashi (la tête des eaux), mais à une autre tout près, ne jaillissant que depuis une cinquantaine d'années et que les habitants ont canalisée pour leur fournir une excellente eau potable.

Le Méandre prend son origine dans le Mendéré-Duden, au pied de la colline en faucille, sur laquelle s'étendait une partie de la ville de Célènes et où il faut chercher l'emplacement du palais de Cyrus. Il traversait d'abord la ville basse, puis le parc de Cyrus qui occupait le centre de la plaine, depuis la station jusqu'au

1. Cette appellation n'est pas exacte; la montagne est d'un accès facile du côté de l'est. M. Hogarth propose l'autre colline, vers le nord-ouest, comme le refuge de la garnison de Célènes, mais elle pourrait être tournée aussi facilement que la première. Arrien a voulu sans doute donner une raison topographique à la décision d'Alexandre, raison que Droysen explique d'une manière plus plausible.

pont du chemin de fer, des deux côtés du fleuve. Le texte de Strabon est également d'accord avec ces données. Quand Antiochus Soter fonda la nouvelle ville, il éleva son acropole sur la colline d'Itchlerdja et la ville s'étendit dans la plaine un peu plus vers le nord; tout le changement introduit par le roi de Syrie fut le déplacement de l'acropole et l'abandon de la colline de Célènes, comme trop incommode. Toujours d'après Strabon, le Marsyas n'est autre que le Souyounbashi qui s'échappe derrière la colline d'Itchlerdja et descend par un cours rapide dans la plaine pour rejoindre le Méandre dans les faubourgs d'Apamée.

Le Cheik-Arab-Sultan-Tchaï est sans contredit la rivière Orgas, au cours uni et tranquille.

Le lac enfin, au-dessus de Célènes, où croissent les roseaux propres à faire des embouchures de flûte, est le lac Bounar-bashi que Pline nomme Aulocrène et qu'il place à dix mille pas d'Apamée, ce qui correspond parfaitement à la réalité. S'il nous dit de plus que c'est de ce lac que partent les sources du Marsyas et du Méandre, il ne fait que constater une créance à laquelle adhèrent encore aujourd'hui les indigènes.

Reste encore l'identification de la quatrième rivière, l'Obrimas, citée par Pline. Si l'on veut se fier à son texte, on pourra donner ce nom à l'un des affluents du Méandre ou de l'Orgas, secs en été, au sud de Dinair. Pline, en effet, est le seul auteur qui fasse mention de ce nom. On sait que l'intéressante médaille d'Apamée publiée dans l'*Historia Numorum*, de Barkley-Head, 558, p. 317, avait d'abord été mal lue; elle représente Artémis d'Ephèse entourée de quatre dieux de fleuves avec les noms MAI : MAP : OBP : OP.; or, les numismates anglais, ainsi que M. Head, lisent le troisième nom ΘΕΡ, ce qui donnerait le nom ΘΕΡμά pour la quatrième rivière. Ce nom, qui a échappé à tous les auteurs anciens, conviendrait alors à la petite rivière d'Ilidja, qui est en effet la traduction littérale du mot grec. Un autre argument qu'on peut avancer en faveur de cette identification, c'est l'existence d'une θερμαία πλατεῖα à Apamée, comme le prouve l'inscription VI dans l'appendice.

Dans les éditions de Tite-Live, on rencontre aussi le nom d'Obrimas; l'historien romain, en racontant la marche de Manlius à travers la Phrygie, dans son expédition contre les Galates, dit (XXXVIII-15): *Progressus inde ab Obrimae fontes ad vicum quum*

Aporidos comen vocant posuit castra. Mais ces *Obrimae fontes* ne sont autres que les sources près de Bounarbashi, comme M. Ramsay l'a depuis longtemps démontré [1].

Les manuscrits de Tite-Live portent *Rhotrinos fontes*; comme ce nom est inconnu ailleurs, on lui a substitué, dans la plupart des éditions, le mot *Obrimae*. Or, comme les sources de Bounarbashi sont les seules qu'on rencontre entre Aglasan (Sagalassus) et Tchifout-Kassaba (Synnada), elles marquent bien l'emplacement du camp du consul romain. D'un autre côté les auteurs byzantins (Hiéroclès, Concil. Chalcid, 451, Notitiæ episcop., I, VII, VIII, IX) appellent la ville qui s'élevait dans la plaine d'Aulocrène, Auroera, Auloera ou Abrocla. Or, la forme la plus commune des adjectifs de lieu, en Asie Mineure, est : au masc., ηνός; au fém., ηνή; dans notre cas, nous aurons Aulocrinos, Ἀυλοκρηνή, d'où il était facile à la littérature grecque de faire Ἀυλοκρήνη; il suffisait d'une simple transposition d'accent, d'autant plus que le mot présentait alors en grec un sens clair et précis. De l'autre côté, Ἀυρόκρα a donné Ἀυροκρινός, puis Rhocrinos et par corruption Rhotrinos.

Ce nom d'Aulocrène, la fontaine des roseaux, est un exemple typique de l'influence exercée sur la nomenclature du pays par une étymologie populaire, cherchant à donner un sens grec à des mots étrangers. Dans Rhotrinos fontes, l'ancien nom aurait persisté. On remarque la même tendance dans le mot Κελαιναί. Strabon donne deux étymologies du mot (liv. XII, 18) : « Par là se trouve expliqué ce nom de Celænæ qui lui fut donné d'abord (à Apamée), soit en l'honneur du héros Celænus, né, comme on sait, des amours de Neptune et de la danaïde Célæno, soit à cause de la nature des pierres dont elle était bâtie et à leur couleur noirâtre due à l'action prolongée du feu. » Les médailles, au contraire, portent Ζεὺς Κελενεύς, qui paraît un nom purement phrygien.

Le passage d'Hérodote, fort concis, attribue les deux sources, du Méandre et du Marsyas, qu'il nomme Catarrhactès, à la ville de Célènes; le dernier, dit-il, prend son origine dans l'agora, qui était donc située dans le vallon près des sources de Souyoun-

1. *Cities and Bishoprics of Phrygia* P. II, *in the Journ. of Hellenic Studies*, 1887.

bashi. L'espace était certes fort étroit, ce qui constituait sans doute une des raisons pour transférer la ville vers l'ouest, dans la plaine.

Ces identifications proposées semblent satisfaire pleinement aux données des anciens. Il n'est plus nécessaire d'attribuer le nom célèbre de Marsyas à un modeste ruisseau, ni de recourir, comme M. Hogarth, à l'hypothèse que le nom de Méandre ne fut donné au fleuve qu'après la réunion de toutes les rivières dans la plaine.

Quant aux monuments antiques qui ornaient la ville d'Apamée, les médailles et les inscriptions nous en font connaître un grand nombre. Il y avait des temples consacrés à Hécate, à Esculape, aux Dioscures et à Poseidon (C. I. G. 3961, et Paus. VIII, 21). Dionysos y était certainement aussi honoré; Pline XIV, 75 vante le vin que produisait Apamée. La médaille 558, dans Hist. Num. de M. Head, prouve qu'Artémis d'Ephèse y avait aussi son culte.

Les inscriptions V, VI, IX, nous font connaître l'existence d'un temple de *Jupiter Celaineus* et d'un autre de la ville de *Rome*. M. Ramsay est porté à croire que le premier occupait l'emplacement de la petite église chrétienne; pour l'époque phrygienne, il n'y a certes pas à en douter; plus tard, il est fort possible que ce temple aura été élevé dans la ville d'Apamée. Les inscriptions V et VI nous apprennent également qu'il y avait dans cette ville une *Plateia Thermaia*, ainsi qu'une *Plateia* σκυτική, noms qui indiquent à la fois le quartier[1] et la corporation.

Ajoutons un *Gymnase* (insc. V, IX) et un *Stade* (insc. IV). Tous ces monuments n'ont point laissé de traces appréciables.

Les antiquités, au-dessus du sol, à Célènes-Apamée, vu l'importance de la ville, ne sont ni nombreuses ni considérables. Le sol fécond attirait toujours la population, qui a exploité les matériaux, tant qu'ils n'étaient pas recouverts d'une couche de terre trop épaisse, par suite des nombreuses inondations survenues à travers les âges. Mais il est toujours une chose que l'homme ne saurait anéantir, c'est la nature. Le cadre reste à défaut du tableau, et le tableau peut quelquefois être vaguement raconté par le cadre. A Dinair, cette reconstitution présente un charme tout

---

[1] Le premier, peut-être, des bains; le second était celui des tanneurs.

particulier, précisément à cause de la configuration physique si variée et en quelque sorte unique en son genre.

Dinair, à la tête de la vallée du Méandre, est aujourd'hui encore le point le plus peuplé des environs. L'abondance des eaux a permis l'établissement d'un grand nombre de moulins dans le vallon du Souyoun bashi. Chaque lundi, il s'y tient une foire bien fréquentée; l'ouverture du chemin de fer a donné une grande impulsion au mouvement des affaires et l'on peut prévoir le moment où la ville moderne aura reconquis une partie de l'importance dont jouissait autrefois Apamée Cibotos.

En fait d'antiquités, citons les fondations le long du Marsyas, appartenant probablement à d'anciens ponts, dont le nombre devait être considérable; quelques-uns d'entre eux sont, aujourd'hui encore, intéressants par leurs matériaux antiques. Au flanc occidental de la colline d'Itchlerdja, on distingue la cavea du *Théâtre*; tout près, deux tambours de colonnes, sans cannelures, en calcaire du pays, appartiennent à un temple. Au pied de la même colline, à l'entrée du village, on voit les fondations de murs très étendues; la route passe sur deux niches voûtées antiques d'un bel appareil; elles abritent une partie des sources de l'Ilidja. A moitié chemin du vallon du Marsyas, on distingue, au-dessus du canal, à droite en montant, une grotte qui a servi de chapelle; le fond est encore arrondi en forme de voûte. Près des sources du Souyoun bashi, une chambre sépulcrale est taillée dans le roc; Arundell l'a prise à tort pour une grotte d'où serait sortie autrefois la rivière.

Sur les collines au sud, il y a beaucoup de blocs de marbre, avec inscriptions encadrées, de basse époque, et qui faisaient partie de héroons plus ou moins monumentaux. Ces blocs se rencontrent aussi dans les murs des jardins, au sud. Dernièrement, on a fouillé dans l'un d'eux et trouvé quantité de marbres : des tambours de colonnes, des stèles, des architraves avec inscriptions, etc.

Les inscriptions funéraires sont rédigées dans la forme ordinaire de la basse époque : il est défendu aux étrangers de se servir de ces tombeaux, sous peine d'une amende payable au Tameïon ou au Fisc.

Il est impossible de faire un pas dans l'intérieur du village sans rencontrer des marbres antiques, tronçons de colonnes,

architraves, pierres tombales, encastrées, pour la plupart, dans
les murs des maisons, témoignages évidents de l'ancienne splen-
deur de la ville d'Apamée, qu'une inscription (voir appendice, VII)
appelle du reste :

H ΛΑΜΠΡΑ ΤΩΝ ΑΠΑΜΕΩΝ ΠΟΛΙΣ.

Le seul monument dont il soit possible aujourd'hui de recon-
naître le plan, c'est la petite église antique située sur l'emplacement de l'acropole de Célènes. Par son architecture, par les traditions de l'Ancien Testament qui se rattachent à son site, elle mérite
une attention toute particulière, sans compter que, selon toutes
les probabilités, c'est une des églises les plus antiques de l'Asie
Mineure, dont les traces se soient conservées jusqu'à nos jours.

Comme le montre le plan ci-joint, elle forme un carré parfait
de près de 15 mètres de côté, précédé d'un narthex, flanqué lui-
même, de chaque côté, d'une pièce carrée de 5 à 6 mètres de côté.
La façade est percée de trois portes, celle du milieu beaucoup
plus large que les autres. La même disposition se répète à l'entrée
de l'église proprement dite, à l'exception des portes latérales qui
ne sont pas dans le même axe que celles de la façade. Deux autres
portes, m et n, de chaque côté du narthex, communiquent avec
les chambres latérales; ce sont là les seules entrées que révèle le
plan. Les murs, hauts encore de 1 mètre à 1 mètre 30 sur 1 mètre
d'épaisseur, sont faits de gros blocs d'un calcaire gris, bien taillés
et joints sans ciment; l'intervalle des deux paremen's est rempli
avec des matériaux plus petits; de temps en temps un bloc, de
1 mètre de longueur, relie les deux faces : c'est un emplecton à
parpaings.

Les petites portes étaient sans chambranles et recouvertes
d'un seul bloc; celui de la porte en n est encore en place. Les
grandes portes a et b, au contraire, étaient ornées de pieds droits
à moulures très fouillées; en b, au moins, ils sont encore in situ,
quoique ébranlés par les tremblements de terre. Des blocs, à la
face inférieure arrondie, qui gisent sur le sol, permettent de supposer que ces portes étaient voûtées en plein cintre.

A l'abside ou bêma, qui n'a que 5 mètres 80 de diamètre, on
distingue à l'extérieur, à 1 mètre environ du sol, une moulure
en forme de gorge; elle ne se continue pas sur les murs de l'église.

Le Rév. Arundell qui, le premier, a décrit sommairement cet

intéressant monument, dit avoir rencontré un grand nombre de croix et des lettres grecques qui le portait à supposer que les pierres provenaient d'un édifice plus ancien. Cette dernière assertion ne semble pas justifiée; en effet tous les blocs sont comme d'un seul jet, ne portant aucune trace d'un emploi antérieur. Le travail est si soigné qu'à première vue on le prend pour un ouvrage hellénistique; ce n'est qu'en reconnaissant le plan général de l'édifice que son caractère chrétien devient évident. Les lettres grecques, fort belles, existent en effet, mais leur présence s'explique aisément par l'habitude qu'avaient les architectes anciens de marquer ainsi leurs matériaux.

Les croix sont effectivement assez nombreuses, comme une seconde visite des lieux nous a permis de le constater; elles appartiennent toutes à l'origine du monument, quoiqu'elles n'aient pas toutes la même forme. Celle qui se trouve à gauche de la porte n, et dont la figure 1 est une copie exacte, aux branches très minces, est creusée profondément dans la pierre, avec une grande symétrie; c'est une croix grecque aux extrémités légèrement évasées, d'après un type bien connu. Sur un jambage arrondi de la porte extérieure, ainsi que sur un même bloc dans l'intérieur de l'église, on peut voir une croix plus allongée, peu profonde, mais les branches larges de 0 mètre 03; ces croix sont surmontées d'un cercle avec une étoile à six rayons.

De chaque côté de l'église, au milieu des blocs éboulés, on en distingue deux qui sont beaucoup plus longs que les autres (près de deux mètres); ils portent tous les deux une croix pareille à celle des jambages, juste au milieu; celle du bloc au nord est surmontée d'un simple cercle. Ces blocs étaient sans doute destinés à couvrir une fenêtre, dont les murs latéraux étaient percés. En effet, le mur continu ne permet pas la supposition de portes à cet endroit, et parmi les débris, il y a un bloc, taillé en quart de cercle, pour former la moitié de l'arc d'une fenêtre; il est long de 0 mètre 80. L'ouverture de la fenêtre pouvait être de 0 mètre 95. Les longs blocs servaient de décharge à ces fenêtres voûtées en encorbellement.

Reste encore la question de la toiture; l'église était-elle voûtée en dôme ou avait-elle un simple toit en bois? La forme carrée de la nef fait incliner vers la première hypothèse. Des fouilles seules pourraient éclairer ce point.

A quelle époque faut-il faire remonter la construction de cette église?

Nous avons vu plus haut la tradition du déluge localisée à Célènes. Un oracle sybillin (I, 261-6) dit : « Il y a en Phrygie, à Célènes, une haute montagne escarpée, appelée Ararat, d'où s'échappent les sources du grand fleuve Marsyas : c'est là, sur le sommet élevé que s'arrêta l'arche, quand les eaux se furent retirées. » Cette croyance était acceptée par les païens; les chrétiens, à leur tour, n'eurent aucune raison de douter de la tradition. La présence même de cette église sur le sommet de l'acropole de Célènes, le mont Ararat de la Sybille, semble prouver leur empressement de la confirmer par une prise de possession en quelque sorte officielle. Car il est bien à noter que déjà du temps de Strabon l'emplacement de Célènes sur la montagne était abandonné; la ville d'Apamée, de la colline d'Itchlerdja, s'étendait dans la plaine; les besoins du culte ne les engageaient pas d'aller si loin chercher l'emplacement d'une église; ce n'est qu'une tradition comme celle citée plus haut qui a pu les porter à choisir ce site. Au reste, les dimensions restreintes de l'édifice semblent corroborer cette manière de voir. D'un autre côté, nous avons vu que le christianisme était fort répandu en Phrygie dès le commencement du IIIe siècle. Aussitôt que Constantin-le-Grand, en 330, l'eût déclaré religion d'Etat, les chrétiens d'Apamée se hâtèrent de consacrer, par des monuments, les sites désignés par la tradition.

L'appareil et le plan de cette église répondent en tous points à ce que nous savons sur les églises bâties sous cet empereur : elles étaient carrées, octogonales ou rondes, couvertes d'un dôme et composées d'un narthex ou pronaos, du naos et du bêma. Or, toutes ces parties ressortent clairement du plan de notre monument. La destination des deux chambres latérales est plus difficile à déterminer; peut-être servaient-elles de dépôt aux vêtements et aux vases sacrés de l'église? Celle-ci était sans doute entourée d'une cour, d'un téménos, comme toutes les églises orientales; il est vrai qu'on ne voit plus trace ni de ces constructions secondaires, ni de celle de l'antique acropole de la ville phrygienne.

Avant de quitter ce point, si riche en souvenirs antiques, mentionnons l'impression particulière que produit le tableau du paysage. En effet, on n'échappe pas à un certain sentiment de monotonie et de vague tristesse; les montagnes de la Phrygie ne respirent pas cet esprit de liberté qu'on remarque ailleurs; le ton est mélancolique, mais non exempt d'un certain charme qui, avec le temps, s'empare plus fortement de l'âme que les paysages brillants et variés du monde grec.

Dinair, aujourd'hui, est un bourg de 1250 habitants, avec 250 maisons; ils sont tous ottomans; les Grecs, qui tiennent les magasins du bazar, sont de Sparta, où résident leurs familles. Dinair est le chef-lieu d'un nahié et la résidence d'un mudir.

Les principaux produits du pays sont : l'orge, le blé, le maïs et l'opium. Depuis l'ouverture du chemin de fer, Dinair est devenu le centre d'un commerce assez étendu; des districts de Kutayé, d'Anghyra, de Konié, d'Ak-schehr, de Wigdé, etc., affluent les marchandises. A l'entrée du village se trouve un kan tout neuf. La Compagnie du chemin de fer a fait construire, près de la station, un hôtel, qui est très bien tenu, au milieu de ce pays encore vierge de la civilisation européenne.

DES MONNAIES D'APAMÉE CIBOTOS

Les monnaies de la Phrygie, dit M. Head dans son *Historia Numorum*, méritent une investigation plus attentive qu'elles ne l'ont obtenu jusqu'à présent, car, quoique appartenant presque toutes à l'époque impériale, elles sont plus intéressantes qu'à l'ordinaire, aussi bien au point de vue mythologique que géographique. Un grand nombre de noms et d'épithètes de divinités ne se rencontrent que sur les médailles de cette contrée; d'autres éclaircissent des mythes grecs d'origine phrygienne. La fréquente occurrence des noms de rivières est aussi de la plus haute importance dans l'identification des villes antiques.

Les premières monnaies frappées à Apamée sont des *Cistophores*. On sait que ces médailles ont fait leur première apparition sous la dynastie des rois de Pergame; elles servaient en quelque sorte de monnaie internationale dans toute l'Asie Mineure occidentale.

D'après M. Imhof, cette monnaie fut frappée d'abord à Ephèse, vers **210** av. J.-C et fut bientôt d'un emploi général dans tout le royaume d'Attale I. Son emploi fut favorisé par l'uniformité de ses types et par l'empressement de tant de cités asiatiques à adopter les tétradrachmes d'Alexandre. On commençait alors à comprendre les multiples avantages d'un système monétaire uniforme et les cistophores répondirent à ce besoin universel. Ils furent émis par beaucoup de villes asiatiques et en quantités considérables. Tite-Live raconte que L. Scipion, après sa victoire sur Antiochus le Grand, près de Magnésie, apporta à son triomphe **381.000** et Man. Acilius Glabrio **248.000** cistophores.

Ces médailles furent ainsi appelées parce qu'elles portent sur la face une corbeille ou *ciste mystique*, le couvercle entr'ouvert avec un serpent qui s'en échappe, le tout entouré d'une guirlande de lierre. Au revers, deux serpents entrelacés entourent un carquois.

Les cistophores sont tous d'argent et d'un poids à peu près égal à celui des tétradrachmes; ils ont été frappés dans les onze villes suivantes : Parium, Adramyte et Pergame, en Mysie; Smyrne et Éphèse, en Ionie; Thyatire, Sardes et Tralles en Lydie; Nysa, en Carie; Apamée et Laodicée, en Phrygie.

Les *Cistophores* d'Apamée sont un type habituel, mais distingués par les lettres AIIA, le nom d'un magistrat et la double flûte de Marsyas comme symbole. On rencontre aussi des noms de Proconsuls romains d'Asie et de Cilicie, quand la Phrygie était rattachée à cette province.

Il y a de même des médailles de bronze autonomes depuis le IIe siècle avant J.-C.

Médailles impériales. — Auguste à Saloninus. *Insc.* ΑΠΑΜΕΩΝ, ΑΠΑΜΕΙΣ, ΚΟΙΝΟΝ ΦΡΥΓΙΑΣ ou ΑΠΑΜΕΙΑΣ, quelquefois avec l'addition ΠΡΟΣ ΜΑΙΑΝΔΡΟΥ. Magistrats, Anthypatos; Magistrats locaux, Agonothètes, Panégyriarques, Archiéreus, Gramateus.

Inscriptions remarquables avec types, ΙΕΡΑ ΒΟΥΛΗ; ΜΑΡΣΥΑΣ. — Le satyre Marsyas jouant de la double flûte; ΚΙΒΩΤΩΝ, ΑΠΑΜΕΩΝ ΜΑΡΣΙΑΣ, le fleuve Marsyas couché dans une caverne sous des rocs et des tours; il tient une double flûte et une corne d'abondance. Pallas assise, jouant du même instrument, se mirant dans les eaux d'une fontaine; à ses pieds, sur un roc élevé, se tient le satyre Marsyas, les bras étendus. — ΚΕΛΑΙΝΟΣ, buste de Celainos, probablement le fondateur mythologique de la cité, dont l'ancien nom était Celainai. — ΣΕΥΣ ΚΕΛΕΝΕΥΣ, tête de Zeus Keleneus. — ΑΠΑΜΕΙΑ, buste de la cité. *Revers*, ΣΩΤΕΙΡΑ, Hécate Triformis. — ΜΑΙΑΝΔΡΟΣ, fleuve Méandre, dans lequel se jette le Marsyas dans les faubourgs de la ville. Aphrodite, nue, de face. Une arche (κιβωτός) inscrite ΝΩΕ, voguant sur l'eau, comme nous l'avons vu plus haut. — Un lion marchant, au-dessus le ciste mystique, au-devant un thyrse. — Déesse ressemblant à Artémis Éphésia, entourée de quatre dieux de fleuves, ΜΑΙ, ΜΑΡ, ΟΡ et ΟΒΡ ou mieux ΘΕΡ, Méandre, Marsyas, Orgas, Obrimas ou Therma.

Médailles d'alliance, avec Éphèse.

APPENDICE

INSCRIPTIONS D'APAMÉE CIBOTOS

(A) Inscriptions funéraires païennes.

C. I. G. 3962. c. — Αὐρ. Ἐπάγαθος Ἀσελίου Αὐξάνοντος ἐποίησε τὸ ἡρῷον ἐμαυτοῦ
καὶ γυναικί μου καὶ τοῖς τέκνοις· εἰς ὃ ἕτερος οὐ τεθήσεται· εἰ δὲ
τις ἐπιτηδεύσει, θήσει εἰς τὸ ταμεῖον δηνάρια Φ.

— 3962. d. — Ἐφεσία érige un héroon à elle-même, à son mari et à
ses enfants; ἐὰν δὲ τις κτλ......θήσει εἰς τὸ φίσκον ͺ.
Εὔγραψέ ἱερὲ (καὶ μηδὲν) φρόντι(ζε).

Revue des Études grecques, copiée par M. Ramsay dans un mur
de jardin :

> Αὐρ Θεοδώρα Φιλαδέλφου
> ἐποίησα τὸ ἡρῷον ἐμαυτῇ
> καὶ τῷ ἀνδρί μου Αὐρ. Δικαίῳ
> καὶ τοῖς τέκνοις μου· εἰς ὃ ἕτε-
> ρος οὐ τεθήσεται· ὃς δ'ἂν ἐπιχει-
> ρήσει ἐπισενένκειν τινά, θήσει
> εἰς τὸ ἱερώτατον ταμεῖον
> Ἀττικὰς Φ', Ἐγένετο ἔτους τκζ'
> μη(νὸ) ι, ι.
> *(Date 243 après J.-C.)*

Une autre, inédite, copiée par G. Weber :

> Ζένων Γαΐῳ
> πατρὶ χρηστῷ μνή-
> ας χάριν μνημεῖ-
> ον ἐποίει.

(B) Inscriptions funéraires chrétiennes.

(Avant Constantin)

C. I. G. 3963. — Αὐρ. Ζώσιμος érige un héroon à sa femme et à sa belle-
mère;
εἰ δέ τις ἐπιτηδεύσει, θήσει εἰς τὸ ἱερώτατον ταμεῖον ͺ β, καὶ
ἔσται αὐτῷ πρὸς τὴν χεῖρα τοῦ θεοῦ.

Lebas et Waddington, 1730. — Αὐρ. Αὐξανώνδας ἐποίησε τὸ ἡρῷον à lui-même, à son frère et à la femme de celui-ci. εἰ δέ τις, κ. τ. λ.....
ἔσται αὐτῷ πρὸς τὸν θεόν. Χαίρετέ μοι φιλόθεοι καὶ καλοὶ νεόθηροι.

Bulletin de Corr. hell., 1883, p. 310, publiée par M. Ramsay :

33. — Phrougillianos érige un tombeau pour tous ses descendants morts en bas âge.

ἐὰν... κ. τ. λ...... ἔσται αὐτῷ πρὸς τὸν κριτὴν θεόν.

C. I. G. 3962. — Ἀπφία ἐγὼ κεῖμαι Μενεκλεῖ σὺν ἀνδρί, κ. τ. λ. Χαίρετε δ'οἱ παρίοντες καὶ εὐχὰς θέσθ'ὑπὲρ αὐτοῦ.

C. I. G. 3964. — En mauvais vers, dont nous citons le premier et le neuvième :

Τὸ ζῆν ὁ ζήσας καὶ θανὼν ζῇ τοῖς φίλοις.

. . . .

Εἰς πάντα δ'εὐτύχησα εἰς αὐτὸν πιστεύσας θεῷ.

(C) Inscriptions générales.

I

C. I. G. 3957. — Grande inscription bilingue du 1er siècle, avec des considérations philosophiques pour honorer le jour de naissance de l'empereur, et réforme du calendrier.

.....γνώμη τοῦ ἀργυροταμίου Ἀπολλωνίου τοῦ Μενοφίλου Ἀιζανίτου.

Cf. l'inscription de Mommsen dans les **Mittheil.** de 1891, p. 236.

II

Ibid. 395 et 3959. — Deux inscriptions votives en l'honneur de Μαρκίαν Σεβαστὴν et de Ματτιδίαν Σεβαστὴν, sa fille, ἐπιμεληθέντος Μάρκου Ἀττάλου ἀργυροταμίας τῆς πόλεως.

(Marcia, sœur de Trajan, était morte en 115).

III

Ibid. 3960. — Ὁ δῆμος ὁ Ἀπολλωνιατῶν τὸν ἀπὸ Ρυνδάκου ἐτείμησεν Τιβέριον Κλ. Τιβερίου υἱὸν Κυρείνα Μιθριδάτην, ἀρχιερέα τῆς Ἀσίας, τὸν ἑαυτῶν προστάτην καὶ εὐεργέτην, διὰ τε τὴν ἐκ λόγων καὶ ἤθει ἀρετὴν καὶ διὰ τὴν πρὸς αὐτὸν εὔνοιαν τὴν ἐπιμέλειαν ποιησάμενον τῆς τοῦ ἀνδριάντος ἀναστάσεως Ξένος Ἀπολλωνίου κρατίστου τῶν πολειτῶν.

IV

Ibid. 3960. b. — Ἄρτα· Ἀρτεμιδόρου μετὰ πάσας ἀρχὰς καὶ λιτουργίας καὶ τὰ ἔργα ἐν τῷ σταδίῳ σελίδων δύο ἀνέστησεν τὸν ἀνδριάντα τῇ ἱερωτάτῃ πλατείᾳ ἐπιμεληθέντων τῆς ἀναστάσεως par ses neveux.

V

Revue des Etudes grecques, 1891. — Apamée, *b*. — Copiée par
M. Ramsay :

ἡ βουλὴ καὶ ὁ δῆμος καὶ
οἱ κατοικοῦντες Ῥωμαῖ-
οι ἐτείμησαν Τιβέριον
Κλαύδιον Τιβερίου Κλαυ-
5. δίου Πείσωνος Μιθρι-
δατιανοῦ υἱὸν Κυρείνα
Γρανιανὸν γυμνασιαρ-
χοῦντα δι' ἀγοραίας ἐκ
τῶν ἰδίων τῇ γλυκυτά-
10. τῃ πατρίδι δίχα τοῦ πόρου τοῦ ἐκ τοῦ δῆμος ου
διδομένου τὴν ἀνάσ-
τασιν ποιησαμένων
ἐκ τῶν ἰδίων τῶν ἐν τῇ
15. Σκυτικῇ Πλατείᾳ τεχνειτῶν.

[' Η βουλὴ καὶ ὁ δῆμος καὶ οἱ]
[κατοικοῦντες Ῥωμαῖοι ἐτείμησαν]
Τι. Κλαύδιον Τι. Κλαυδίου [Μιθρι-
δάτου υἱὸν Κυρείνα Πείσωνα
Μιθριδατιανὸν ἱερέα διὰ βίου
Διὸς Κελαινέως ἐφηβαρχήσαντα
καὶ γυμνασιαρχήσαντα καὶ ἀγορανομήσαντα διὰ ἀγοραίας καὶ ὑπε-
σχημένον ὑπὲρ τοῦ υἱοῦ Κλαυδίου
Γρανιανοῦ γυμνασιαρχίαν δι'ἀγο-
ραίας· ἐκ τῶν ἰδίων δίχα πόρου τοῦ
διδομένου ἐκ τοῦ δημοσίου δηνα-
ρίων μυρίων πεντάκις χειλίων·
τὴν ἀνάστασιν ποιησαμένων
ἐκ τῶν ἰδίων τῶν ἐν τῇ Σκυτικῇ
Πλατείᾳ τεχνειτῶν.

Ἐπιμελη(θ)έντων Παπίου Λείδα τοῦ Αἰδούχου καὶ Τυράννου Μύτα
καὶ Λουκίου Μουνατίου Ἄνθου καὶ Τρύφωνος Διογᾶ.

VI

Copiée par G. Weber dans le jardin de l'hôtel, à Dinair :

Ἡ βουλὴ καὶ ὁ δῆμος καὶ οἱ κατοικοῦντες Ῥωμαῖοι ἐτείμησαν Τιβέριον Κλαύδιον Τι-
βερίου Κλαυδίου Πείσωνος
5. Μιθριδατιανοῦ υἱὸν Κυρείνα Γρανιανὸν γυμνασιαρ-
χοῦντα δι' ἀγοραίας ἐκ τῶν
ἰδίων τῇ σεμνοτάτῃ πατρίδι
δίχα τοῦ πόρου τοῦ ἐκ τοῦ δη-
10. μοσίου διδομένου δηναρί-
ων μυρίων πεντακισχει-
λίων τὴν ἀνάστασιν
ποιησαμένων ἐκ τῶν ἰ-
δίων τῶν ἐν τῇ Θερμαίᾳ
15. Πλατεία — ἐπιμεληθέν-
των Μάρκου Μάρκου τοῦ
Οὐικκίου καὶ Δαμᾶ Ἀβασκάν-
του καὶ Τρύφωνος Ἀλεξάν-
δρου τῶν ἀνδριάντων.

Ἡ βουλὴ καὶ ὁ δῆμος καὶ οἱ κατοικοῦντες Ῥωμαῖοι
ἐτείμησαν Τιβέριον Κλαύδιον Τιβερίου Κλαυδίου Μι-
θριδάτου υἱὸν Κυρείνα Πείσωνα Μιθριδατιανὸν ἱερέα
διὰ βίου Διὸς Κελαινέως γυμνασιαρχήσαντα δι' ἀγο-
5. ραίας καὶ ἀγορανομήσαντα δι'ἀγοραίας· καὶ ἐφηβαρχήσαντα
καὶ ὑπεσχημενον ὑπὲρ Κλαυδίου Γρανιανοῦ τοῦ υἱοῦ
γυμνασιαρχίαν δι' ἀγοραίας ἐκ τῶνἰδίων καὶ χαρισάμενον
τῇ πόλει τὸν ἐξ ἔθους· διδόμενον ὑπ' αὐτῆς τῷ γυμνα-
σιαρχοῦντι πόρον δηνάρια μύρια πεντακισχείλια καὶ τῇ μὲν
10. πρώτῃ ἑξαμηνῷ, ἐν ᾗ καὶ ἡ ἀγόραιος ἤχθη, θέντα τὸ
ἔλαιον ὑπὲρ δὲ τῶν λοιπῶν μηνῶν ἐκδεδωκότα
καθὼς ἡ πόλις· ἠξίωσεν δηνάρια μύρια ἐνακισχεί-
λια ὥστε προστεθέντα καὶ τοῦτον τὸν πόρον
τοῖς· μυρίοις πεντακισχειλίοις· δηναρίοις· σώζειν
15. τόκον δραχμιαῖον εἰς τὸ τῶν κουρατόρων ἐπι-
ζήμιον τὸ κατὰ ἔτος ὑπ' αὐτῶν διδόμενον ὥστε τοῦ λοιποῦ χρόνου μηκέτι εἶναι κουράτο-
ρα· καθὼς ἡ πόλις· ἐψηφίσατο διόλου
τοῦ αἰῶνος — τὴν ἀνάστασιν ποιησαμένων
ἐκ τῶν ἰδίων τῶν ἐν τῇ Θερμαίᾳ Πλατεία.

VII

Mittheilungen, 1891, copie de G. Weber, et *Revue des Et. gr.*,
1891, publiée par M. Ramsay :

Les deux inscriptions sont placées en regard l'une de l'autre.

Τὸν] θεοφιλέστατον Καίσαρα
Λικ?] Σαλωνεῖνον Οὐαλεριανὸν
Σεβαστὸν υἱὸν τοῦ κυρίου
ἡμῶν Γαλλιηνοῦ Σεβαστοῦ
ἡ λαμπρὰ τῶν Ἀπαμέων
πόλις.

Τὸν θεοφιλέστατον Καίσαρα Κορνήλιον
Σαλωνεῖνον Οὐαλεριανὸν Σεβαστὸν
υἱὸν τοῦ κυρίου ἡμῶν Γαλλιηνοῦ Σεβαστοῦ
ἡ λαμπρὰ τῶν Ἀπαμέων
πόλις.

Dédicaces en l'honneur des deux fils de Gallien ; l'inscription doit être antérieure à 259, puisque l'aîné des deux frères fut tué cette année à Cologne par Postumus. Le fils aîné fut associé à l'empire en 253 ; le puîné au plus tard en 257.

VIII

Ibid. — Ἡ βουλὴ καὶ ὁ δῆμος
καὶ οἱ κατοικοῦντες
Ῥωμαῖοι ἐτείμησαν
Ἰούλ. Λύγον τὸν κράτισ-
5. τον ΙΙΙΙ. εὐεργέτην τῆς
πόλεως
ἐπιμεληθέντος
τῆς ἀναστάσεως
Μ. ΑΘ. Σεργία Ἀπολ-
10. λιναρίου γραμμα-
τέως τοῦ δήμου

Mr Ramsay ajoute : À la ligne 5. ΙΙΙΙ est pour Περιπολάριος ou Πραιπόσιτος ; le dernier cadre mieux avec l'épithète. M. Ælius Apollinarius rappelle qu'il appartenait à la tribu Sergia ; l'inscription n'est donc pas plus récente que le III° siècle ; d'autre part, l'écriture ne permet pas d'adopter une date plus reculée.

IX

Ibid. — Sur un tambour de colonne copiée par G. Weber.

Ἡ δῆμος
καὶ οἱ κατοικοῦν-
τες Ῥωμαῖοι ἐτή-
μησαν Μύτιν Διο-
κλέους ἱερέα Ῥώμης
καὶ γραμματέα δήμου
γυμνασιαρχήσαντα
καλῶς καὶ φιλοδόξως.

TABLE DES MATIÈRES

TABLE ALPHABÉTIQUE

DU MÊME AUTEUR:

Tumulus et Hiéron de Bélevi, dans la Publication du Musée et Bibliothèque de l'Ecole évangélique de Smyrne, 1880.

Le Sipylos et ses monuments, Monographie historique et topographique, avec une carte, 4 planches lithogr. et deux photographies. Smyrne, 1880, *épuisé.*

Description of the so-called Tomb of Saint Luke at Ephesus, dans Transactions of the Society of Biblical Archeology, vol. VII, p. II, p. 226.

Etude sur la Chorographie d'Ephèse, avec un plan, dans la Publication du Musée de Smyrne, 1884.

Aktché-Kaya, Eine unbekannte Felsburg bei Smyrna, dans les Mittheilungen d. Arch. Inst. X, 1885.

Trois Tombeaux archaïques, de Phocée et de Magnésie, dans la Revue archéologique, 1885.

Un Monument circulaire à Ephèse. Revue arch. 1891.

Der unterirdische Lauf des Lycus bei Colossae, dans les Mittheilungen d. Arch., Inst., Athen, 1891.

Guide du voyageur à Ephèse, avec deux plans, deux cartes et deux vues du temple de Diane restauré, Smyrne, 1891.

Hypaepa. Birghi (Dios Hiéron), Oedémich et le Kaleh d'Ayasourat, dans la Revue des Etudes grecques, 1892.

www.ingramcontent.com/pod-product-compliance
Lightning Source LLC
LaVergne TN
LVHW021659080426
835510LV00011B/1478